BIOGRAPHIC
VAN GOGH

凡·高传

[英]索菲·柯林斯 著

石佳 译

江西美术出版社
全国百佳出版单位

凡·高传

[英] 索菲·柯林斯 著
石佳 译

图书在版编目（CIP）数据

凡·高传 / (英) 索菲·柯林斯 (Sophie Collins)著；石佳译. -- 南昌：江西美术出版社，2018.11
ISBN 978-7-5480-6344-5

Ⅰ. ①凡… Ⅱ. ①索… ②石… Ⅲ. ①凡高(VanGogh, Vincent 1853-1890) - 传记 - 青少年读物 Ⅳ. ①K835.635.72-49

中国版本图书馆CIP数据核字(2018)第194099号

Biographic Van Gogh
by Sophie Collins

Copyright © Sophie Collins, 2016, Copyright in the Work © Biographic Books Ltd, 2016
This translation of Biographic Van Gogh 9781781452752 is published by arrangement with Ammonite Press an imprint of GMC Publications Ltd.

出 品 人 \ 周建森
策　　划 \ 李国强
责任编辑 \ 李国强
书籍设计 \ 郭　阳
责任印制 \ 谭　勋

出　版 \ 江西美术出版社
社　址 \ 南昌市子安路66号
网　址 \ www.jxfinearts.com
电　话 \ 0791-86566329
邮　编 \ 330025
经　销 \ 全国新华书店
印　刷 \ 浙江海虹彩色印务有限公司
版　次 \ 2018年11月第1版
印　次 \ 2018年11月第1次印刷
开　本 \ 889×1194 1/32
印　张 \ 3
ISBN 978-7-5480-6344-5
定　价 \ 45.00元

本书由江西美术出版社出版。未经出版者书面许可，不得以任何方式抄袭、复制或节录本书的任何部分。
版权所有，侵权必究
本书法律顾问：江西豫章律师事务所　晏辉律师

目录

标志性　　06

介绍　　08

01：生活　　11

02：世界　　31

03：作品　　49

04：遗产　　71

小传　　92

致谢　　94

标志性

当我们可以通过一系列标志性图像辨识出一位艺术家时,我们也就知道了他对我们文化和思想的影响到底有多深。

介绍

很多人至少知道与文森特·凡·高有关的三件事情：他切掉了自己的耳朵、他疯了——并最终导致自杀，以及他的传世名画《向日葵》。尽管这三件事情或多或少是真实的，但是它们的确给艺术家本人及其创作带来了负面影响。得益于时空距离，我们有机会细细品味凡·高短暂的一生——去世时年仅37岁，他私人的生活戏剧逐渐褪色，取而代之的绘画人生在聚光灯下熠熠生辉。这时问题就来了：在一个没有经济来源、无法保证生活资金支持以及和病魔无休止斗争的世界里生活，凡·高究竟是怎么做到如此成就的呢？

踏入艺术创作的大门以前，凡·高试图通过多样的角色来扭转自己的个性：青少年时期，凡·高来到他的叔叔的艺术代理商店工作，由于他的反应过于愚钝以至于无法吸引那些寻求能保证自己高雅趣味的客人而被解雇，在最后一次被解雇后，他开始转而研究宗教：或许他可以把所有激情都投入到传教中去呢？然而，结果却注定是个错误的开始——文森特当然不缺乏成为牧师的信念（并且作为一名牧师的儿子，他对此行业相当了解），但是他无法应付取得成绩所需的正规学习。

> 我认为自己正处在开始认真做事的开端。

27岁时,凡·高最终投身于艺术事业中,他顽强而认真地创作了一段时间,然后才破门而入。凡·高短暂一生的最后几年是璀璨夺目的,而这正是对他一生中未曾间断的痛苦以及深深的颓靡落魄的最好嘉奖。

尽管在某种程度上凡·高没么幸运,但是从他的弟弟身上来看,他足够幸运,而在他的弟媳身上更是如此。提奥是凡·高的支柱,他做出了明智的选择,提供了足够的资金来帮助哥哥;不仅如此,在两兄弟都去世之后,提奥的妻子——约翰娜,尽其所能提升凡·高的声誉,使他的创作得到应有的承认。不久以后,艺术界开始意识到像高更一样同时代的人已经发现的事情:这是一个真正鲜活和独特的愿景,像所有最好的艺术一样,使大众能够看到熟悉的艺术创作之后新鲜的、透明的灯光。

创作的思潮不断涌入,我仿佛化作一台绘画的驱动车。

> 我越丑,越老,越刻薄,越穷,我就越想用鲜艳的颜色来报复这种印象,并把他们安排得井井有条,光彩夺目。

凡·高持续创作并不是为了获得嘉奖。如今,从围裙到饼干罐头的包装上都被印刷上了凡·高的艺术作品,在人们第一次看到它们时,很难理解其中的意义。但是,我们再次想要走近凡·高及其作品时,提前了解他的生活和时代背景来增加一些知识和观点是非常有必要的。他10多年来致力于艺术创作,他的绘画作品在数量和质量上都非同凡响:超过2000件画作,以及大量表达作品背后思想的信件,此等成就几乎没有艺术家可以与之匹敌。

"常态是一条铺砌好的小路:行走固然舒适,却没有繁花盛开。"

在文森特·凡·高百年之后的数十年间,他的作品激励并吸引了数百万人的目光。鉴于他的非凡成就,正如艺术史学家朱利安·贝尔所写的那样,"……把他叫做疯子并不是我们的责任。"

文森特·凡·高

01
生活

> "如果我们丧失了探索的激情和勇气,生活将会变成什么样子呢?"

——凡·高写给提奥的信,于海牙,1881年12月29日。

文森特·威廉·凡·高

1853年3月30日出生于荷兰和比利时边境的格鲁特·赞德特。

文森特出生在小镇拉班特的一家牧师住宅中,他是荷兰津德尔特地区一位德高望重的牧师提奥多勒斯·凡·高(在19世纪的北布拉邦特省,如此出身即给予了他在教区中的某种社会地位)和安娜·科妮莉娅·卡本特斯的儿子,她本人是一位书商的女儿,极具艺术才华。"文森特"于他的家族而言是一个传统的基督教名字,每一代至少有一个"文森特"。

◀ 希罗尼穆斯·博斯(1450—1516)也出生于北布拉邦特

在多勒斯和安娜组成的家庭中,文森特是第二次出现的名字——早他一年前出生的哥哥,也被取名为文森特,幼年夭折后被葬于教堂的花园中。凡·高是家中存活下来的最年长的孩子,他还有5个年幼的弟弟妹妹:两个弟弟和三个妹妹——提奥、科尔、艾丽莎白、安娜和威廉敏娜。其中只有小凡·高4岁的提奥,成为了他的知己和亲密的朋友,在文森特变得愈加难以被理解时,提奥扮演了哥哥之于外界的诠释者。

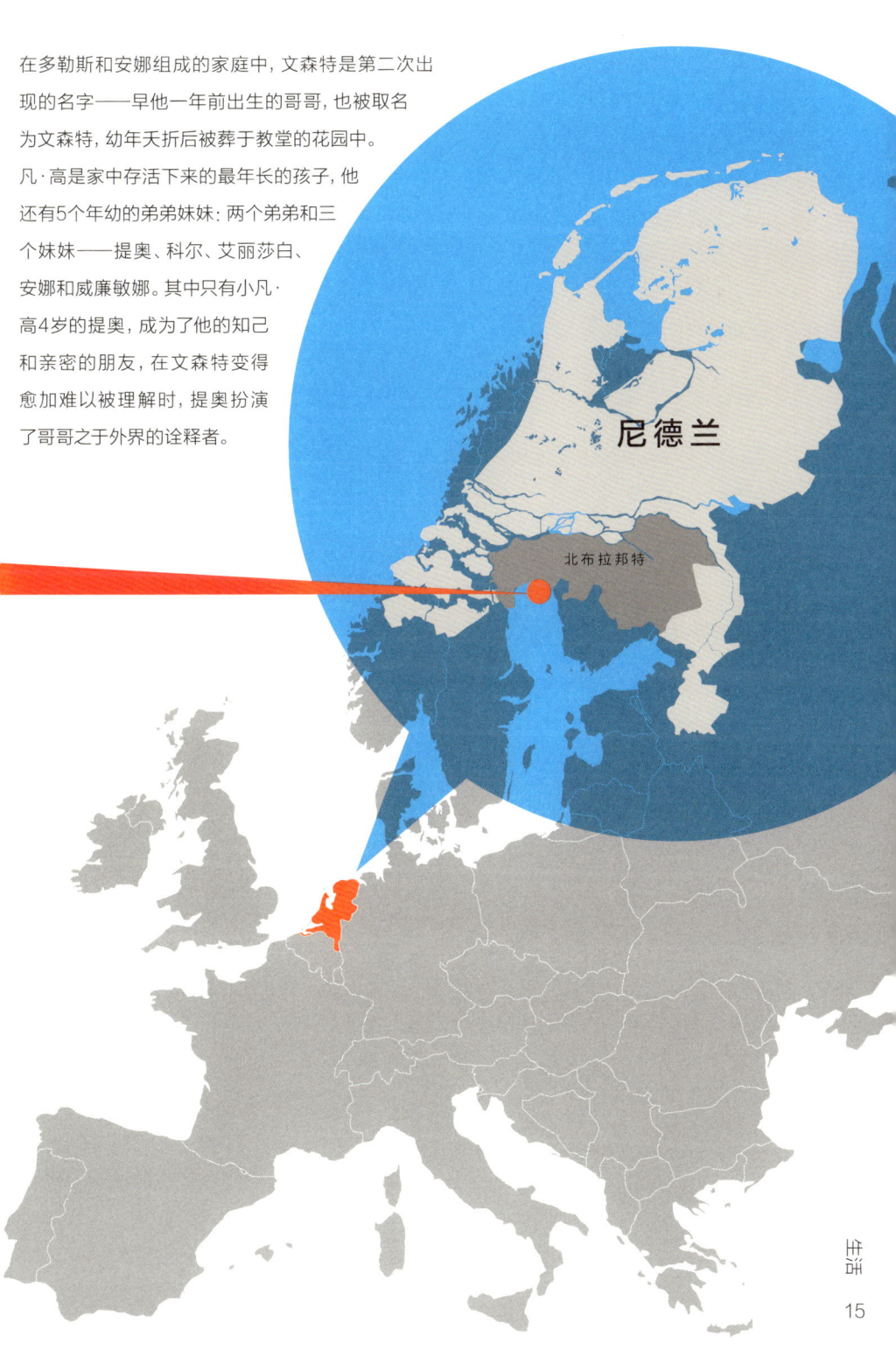

| 1月 | 2月 | 3月 | 4月 | 5月 | 6月 |

旧金山
李维斯，一家生产耐穿工作服的公司，成立于美国旧金山。

纽约
奥的斯电梯公司成立于美国纽约市的扬克斯地区。

纽约州
薯片首次在美国纽约州销售。

1853
的世界

巴黎
乔治欧仁·奥斯曼男爵负责监督巴黎市的重新设计。

威尼斯
威尔第具有突破性的现代歌剧《茶花女》首次在威尼斯演出。

文森特出生的地区面积很小，不仅津德尔特在比利时和荷兰的边界，而且整个布拉邦特省（最初是一个单一的天主教实体）已经完全分裂。在1839年，即凡·高出生后的14年前，它便被分裂成了两个国家。不安的休战导致西提奥多勒斯·凡·高小小的聚会场所变成了被天主教信徒包围的新教小岛，这也许是凡·高一家倾向于将亲密的家庭圈子、可敬的社会地位和严格的职业道德作为幸福生活的关键的一个原因。然而，在世界范围内，很多类似的事情都在发生，无论是在荷兰以及更远的地方。

| 7月 | 8月 | 9月 | 10月 | 11月 | 12月 |

尼德兰
两个世纪后,根据新结社自由法,天主教的主教重新对尼德兰地区进行统治。

马斯特里赫特
连接马斯特里赫特和荷兰亚琛的铁路开通。

浦贺
佩里上将抵达日本,要求美国与"封闭王国"进行贸易关系。

伦敦
在英格兰,自然学家查尔斯·达尔文被授予皇家学会的金牌,以表彰他在比格犬航行中的工作。

孟买
第一条载客铁路在印度开通,运行于马哈拉施特拉邦的孟买和塔那之间。

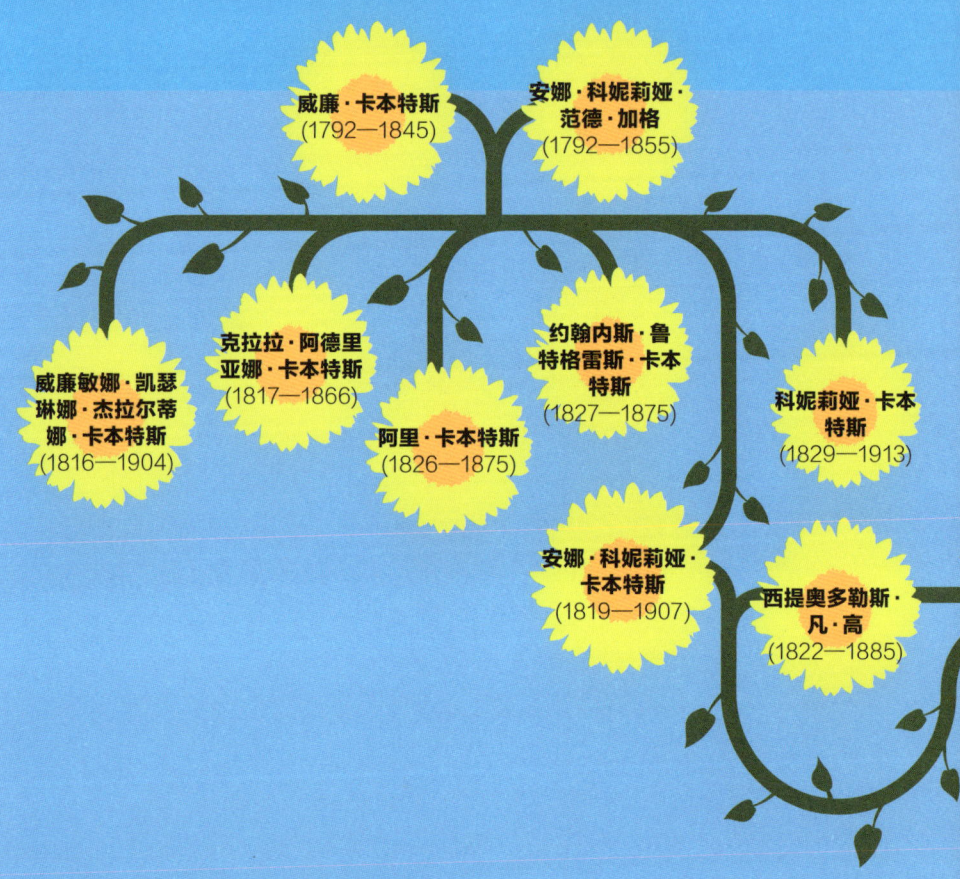

文森特家的族谱

文森特的母亲来自海牙的一个非常国际化的家族中,她在30岁的时候还没有结婚(在19世纪中叶的世界中,这简直是一场灾难),所以年轻安娜10岁的妹妹科妮莉娅建议她考虑下自己未婚夫的未婚兄弟。因此,在科妮莉娅和她的文森特·凡·高(在海牙拥有一家成功的艺术代理商店,他的侄女和侄子都称之为派特叔叔)结婚后,安娜和文森特的弟弟也结了婚,这个人就是西提奥多勒斯·凡·高,刚刚被任命为落后格鲁特-津德尔特地区天主教的牧师。她以复杂的情感接受了他的犹豫不决的求婚,但婚姻和母亲这一身份是一个女性的必需品,终于她嫁给了"1851年5月21日的多勒斯"。

艺术生涯之前的生活

1853
文森特·凡·高生于3月30日

1855
古斯塔夫·库尔贝的作品《画室》在巴黎现实主义作品展览中展出。

1861
文森特开始在津德尔特地区的一家乡村小学接受教育,但是他的父母认为那样会"辱没"了自己儿子的天赋,故而让他辍学在家里学习。

1875
包括雷诺阿和莫奈在内的印象派艺术家在杜洛埃酒店拍卖他们具有争议的作品,那些艺术作品引起了轩然大波,以致必须由警察维持秩序。

1874
第一个印象主义展览在巴黎举行:莫奈、雷诺阿、塞尚、德加、毕沙罗、莫里索和西斯莱都拿出作品参加了展览。莫奈把它叫做"印象主义"。

1873
被调到了"古庇尔和西"的伦敦警那里,在那里他对他房东的女儿尤妮·洛耶有了感情。

1876
被"古庇尔和西"开除,回到英格兰在拉姆斯盖特做一名老师,在艾尔沃思一家教堂的主日学教课。

1877
在前往阿姆斯特丹攻读神学院入学考试之前,曾短暂地加入多得勒支书店,担任销售文员。

文森特前26年的人生是一个连续不断开始的过程，每一个新的开始都伴随着失败，以及无边的自责。他的家庭只是专注于他谋生的需要，向世界展现出一副可敬的面孔，却从未理解过他看似不断自我破坏的方式。当凡·高在做售货员和传教士的屡次尝试和失败的同时，艺术世界正摸索在印象派的革命之路上。

1863
爱德华·马奈创作了《草地上的午餐》和《奥林匹亚》，都以非传统的裸体为特点，当它们在巴黎的沙龙展上亮相时，便引起了不小的负面影响。

1864
在泽芬贝亨的新寄宿学校学习，他因为是年纪最小的学生，常常被孤立而感到孤独，便恳求能够回家。

1866
凡·高的父母让他转学到了蒂尔堡的Rijschool Wlllem Ⅱ，他再一次感到不满意并在两年后离开了那里。

1872
与他的弟弟提奥开始了长达一生的通信；对已经和表弟订婚的卡罗琳·哈内贝克有了一种迷恋；开始从妓院寻找快乐。

1871
艺术品经销商保罗·杜兰德-路以35000法郎购买了马奈的23幅作品，这是人们对"尚未命名"的"新运动"越来越感兴趣的标志。

1869
他16岁了，去了海牙国际闻名的艺术代理商"古庇尔和西"做一名职员，在那里，他有机会接触到了传统艺术以及荷兰现代艺术。

1878
结束了对神学的学习；搬到了贝尔格勒姆的采矿区博里纳日，并且作为一个传教士活跃在当地。

1879
在第四届印象主义绘画展览中，保罗·高更的创作首次参加展览。

凡·高的父母对他身体状况的下降感到震惊，并且试图让他答应进入疗养所。他在过去两年中花费了越来越多的时间进行艺术创作，并且向提奥写了广泛的关于现代艺术发展的文章，在1879年夏天，文森特决定成为一名艺术家。

 文森特的世界　　 艺术世界

女人的烦恼

凡·高缺乏浪漫爱情的经历已被载入历史,他的生活加上自身严格的道德教养使然,让他把女人分成两组:可敬的女人和性感的女人。像他同时代的许多人一样,他从十几岁起就经常去妓院,而且几乎没有什么秘密,这使他的家人在当时的社会下感到恐惧。然而,这并没有减少他对一段被接受的关系和得以结婚的爱情的渴望,尽管他的尝试总是以眼泪告终,但他仍在努力。

1872　卡罗琳·哈内贝克

在凡·高对她有兴趣之前就已经订婚了,但是这并未阻止凡·高的感情,他仍然以浪漫的姿态追求着她。

1873　尤金妮·洛耶

他伦敦房东的女儿,结果发现她也已经悄悄和别人订婚了。

1881　姬·沃斯-史崔克

凡·高的寡居的表姐,当他们都和他的父母一起住在埃滕的时候,他反复提出订婚,但她断然拒绝了他。

1884　玛格特·贝格曼

凡·高父母的一个邻居,她爱上了凡·高,但是在他没有任何回应的状况下服了毒药,尽管后来逐渐恢复,但是这段爱情也不了了之。

1882——1883　西恩·霍尼克

是一个针线活女工,洗衣妇,也是一个妓女,随后成为了凡·高的第一个模特。后来和她的女儿一起,在凡·高家住了整整一年,他一度求婚,但是这种关系在几个月后破裂了。

1886——1887　阿戈什蒂纳·塞加托里

来自那不勒斯的巴黎勒坦波林咖啡馆的老板。她把他的作品挂在咖啡馆的墙壁上,找到了他在街头邂逅的女孩(很多都成为了他的模特)并自己为他摆姿势。两人据说有过恋爱关系,但塞加托里的暴力黑社会联系让凡·高感到恐惧并且选择离开。

关键词

 让他为之敬重的　 陷入爱情的一方

 随意的两性关系　 未陷入爱情的一方

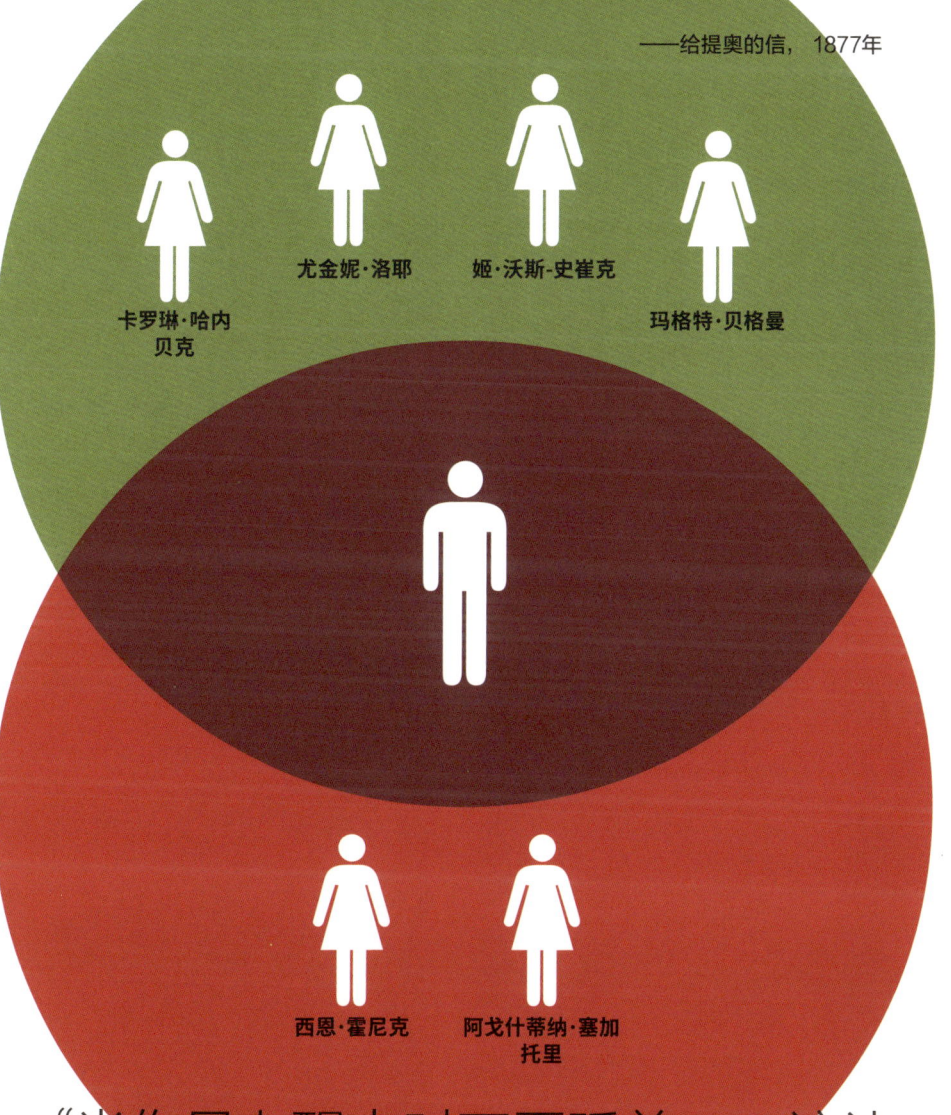

23

流浪在欧洲

在凡·高短暂的一生中,他一直在迁居。若一个地点让他失望时,他在下一次尝试之后便不断地向往,向往一个自己心目中安详和平的居所。他住过20多个不同的城镇,一直致力于寻找一个可以满足他理想化的家庭愿景的地方,最接近这种愿景的可能就是阿尔勒的黄房子。

荷兰

- **01** 津德尔特 1853——1863
- **02** 泽芬贝亨 1864——1866
- **03** 提尔堡 1866——1868
- **04** 海牙 1869——1873, 1881——1883
- **09** 多德雷赫特 1877
- **10** 阿姆斯特丹 1877——1878
- **13** 埃滕 1881
- **14** 德伦特省 1883
- **15** 尼厄嫩 1883——1885

比利时

- **11** 布鲁塞尔 1878, 1880——1881
- **12** 博里纳日 1879——1880
- **16** 安特卫普 1885——1886

英格兰

- **5** 伦敦 1873——1875
- **7** 艾尔沃斯 1876
- **8** 拉姆斯盖特 1876

法国

- **6** 巴黎 1874——1875, 1876, 1886——1888
- **17** 阿尔勒 1888——1889
- **18** 圣雷米普罗旺斯 1889——1890
- **19** 奥维尔 1890

凡·高怎么了？

凡·高的一生都是在当时大多数人称之为精神错乱的阴影下度过的，尽管他只比西格蒙德·弗洛伊德大3岁，精神错乱之前他就有了这种感觉。精神分析产生了，抗精神病药物还没有以任何有效的形式存在。

在不断循环的危机中，文森特幸运地遇到了几位富有同情心的医生。他尝试自我治疗——大量苦艾酒、周期性饥饿和白色含铅油漆的味道等不大可能有助于治疗的方法。但文森特究竟出了什么问题？在他去世后不久，一场争论就一直在展开，医生们甚至诊断他得了从梅毒到躁狂抑郁症到卟啉症的所有疾病。

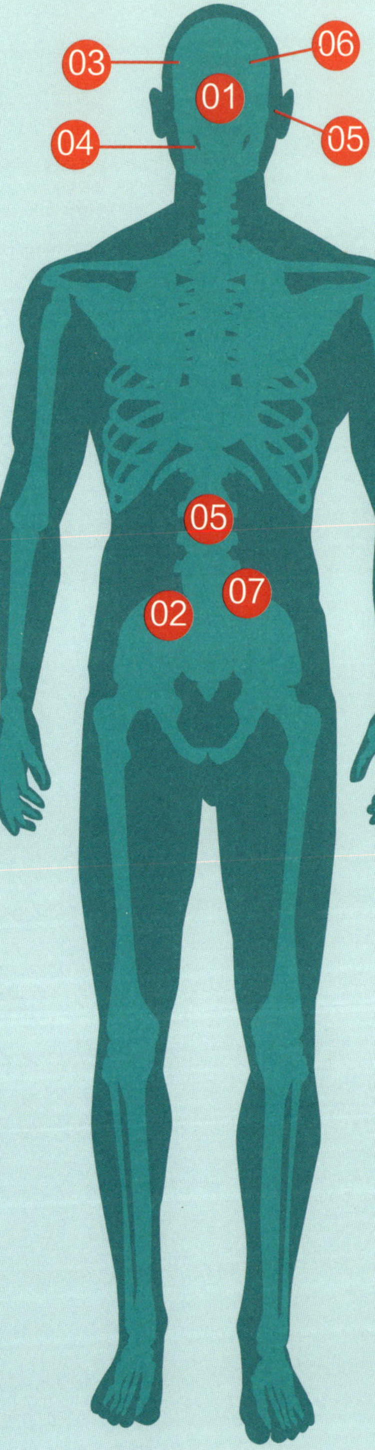

极有可能
可能
不可能
极不可能

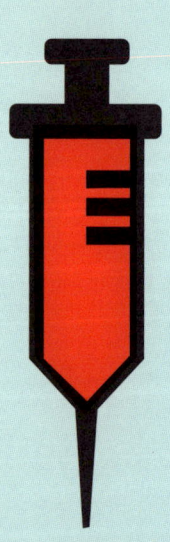

01 癫痫
+ 他的一生中都是在圣雷米和阿勒斯度过
+ 用溴化物有效治疗（其中一些形式，但不是其他形式）
− 所描述的癫痫发作与大发作或颞叶不匹配

02 铅中毒
+ 我们都知道，凡·高吃了很多他自己的画，其中包含很多有毒色素，可能会引起妄想和胃病。
− 他的习惯很可能是造成现存问题的一个因素，而不是造成危机本身。

03 卟啉症
+ 以强烈的妄想和抑郁期为特征
− 他的父母的其他后代都没有明显的后遗症和遗传性

04 梅毒
+ 他的弟弟提奥一直遭受着梅毒带来的病痛，据说文森特亦有相同的疾病
+ 导致后期抑郁和妄想
− 没有凡·高此病的医疗记录(固然是不完整的)
− 在19世纪后期，很少有医生会不关注它，或者无法确诊此病症

05 梅尼埃病
+ 内耳的这种痛苦会导致平衡不良、眩晕和疾病发作
+ 凡·高切下自己耳朵的行为可能是尝试去缓解这种痛苦
− 凡·高的健康问题有着更多的症状
− 梅尼埃这种疾病本身不会引起病症

06 躁郁症
+ 深度抑郁症和冷漠期与"高潮"交替（狂躁：创作动力和乐观）是躁郁症患者的特征

07 苦艾酒中毒
+ 这种高度酒精、苦艾酒和铜的混合物能产生令人不快的记忆、幻觉和消化问题。
+ 凡·高正是忍受了以上全部三种症状

✚ 诊断
从他复杂的症状看来，文森特很可能患有多种病症，他的病情也因此不断恶化。有证据表明他的家族中其他人亦有抑郁症状。提奥确实遭受了一些相似的病苦，他的姐姐威尔在过去的几年中一直住在疗养所，并且有一个说法，他最小的弟弟科尔是自杀而亡的。

艺术家的生活

凡·高为了追求自己的艺术之路，与每一个能帮助他的人进行斗争。他不能承认自己的过错，甚至把攻击的矛头转向了他的密友。19世纪80年代中期，他成长为一个成熟的天才，在接下来的5年里，他的艺术形成一股强大的、不可阻挡的力量……即使它的创造者正处在崩溃的时刻。

个人生活 | 创作

1885
父亲突然去世，搬到了安特卫普。

完成了首幅重要的油画作品《吃土豆的人》。

1884
与父母和解；认识了年长他13岁的玛格特·贝格曼，这段关系结束于凡·高父母的禁婚令，并把玛格特·贝格曼送去了其他地方。

不停地画画、创作，独特的创作风格的迹象开始最初显现，对印象派表示藐视。

1880
搬到了布鲁塞尔，父母开始对持续资助凡·高表示不满。

结交荷兰画家安东·凡·拉帕德，参加解剖学和生活绘画课程。

1882
将怀孕的妓女模特西恩·霍尼克和她的小女儿搬到了自己家中；得了淋病，开始入院治疗；西恩生下了孩子，二人谈婚论嫁；探望住在纽南的父母。

租了工作室；开始画模特；科尔委托了十几个街头场景给凡·高创作；他们为钱发生了争吵；学习了平版印刷术。

1881
回到了父母身边，向拒绝他的表妹姬沃斯斯特雷克求婚，与父母发生灾难性的争吵。

跟随另外一个表弟安东·莫夫学习水彩画（是兼顾传统与流行的海牙艺术学校的小有成就的一员）。

1886

前往巴黎，投奔提奥。

在安特卫普学院修读课程，见到了包括图卢兹-劳特累克在内的法国艺术家；敬服印象派的绘画作品。

ICI REPOSE
VINCENT van GOGH
———
1853 · 1890

1887

和保罗·西涅克在塞纳河岸作画；组织印象派艺术家杜佩蒂大道展览，展示他与图卢斯-劳特勒克(右)的作品，并会见高更、苏拉特和波萨罗。

1890

遭受持续两个月的攻击；宣布被"治愈"；在医生保罗·嘉舍的陪同下探访了奥维尔；在拉武的酒店租房间；遭受枪伤；奥维尔死去，第二天，葬于镇上的新公墓。

六件作品参加了每年一次的Les Vingtistes展览会；受到年轻评论家艾伯特·奥里尔的好评；持续不断地进行创作直至去世。

1888

搬到阿尔勒；住进黄房子；邀请高更做客；和高更的关系变差；在煎熬的对抗之后，高更离开去了巴黎；切掉耳朵；在阿尔勒医院认识菲利克斯·雷伊医生。

疯狂创作；创作《盛开的果园》；画自画像和南方丰收图；画《向日葵》；和高更合作。

1889

出入医院；自己住进位于圣雷米的圣雷米普罗旺斯精神病院；癫痫发作。

边忍受癫痫病边外出创作，因为疾病，开始逐渐不能继续创作；重新工作；遭受另外一场癫痫病发作。

一个神秘的结局

> "我枪杀了我自己"
> ——凡·高对他的房东古斯塔夫·拉武解释道

> "悲伤将持续到永远"
> ——凡·高写给弟弟提奥的遗嘱

1890年7月27日,凡·高在拉武的客栈的甲板上吃了午饭,然后走了出去,正像过去的两个或三个星期那样去画画,和他同吃午饭的朋友未察觉到他心情的一丝异样。几个小时以后,他的房东听到了他房间里的呻吟声,文森特在他的肋骨下方开了一枪,并在两天后被确认死亡。这成为了艺术史上最著名的自杀事件之一。

- 凡·高不断创作并通过绘画达到了自我精神娱乐
- 没有关于自杀的记录(凡·高几乎是一个有强迫性的交流者)
-  对于自杀来说,枪伤位于一个非常奇怪的部位
-  20世纪60年代,一把生锈的枪在凡·高曾经绘画的地方被人们发现
- 学者们已经拿出证据表明凡·高其实是被当地年轻人谋杀的:他愉快的心情,自杀记录的缺失,伤口的部位,自杀武器的发现破坏了这种阴谋论。

文森特·凡·高

02
世界

"我的探险之旅并不是偶然发生的,而是命中注定……在我的家族和整个民族中,没有什么比我自己更像一个陌生人了。"

——凡·高在给英国画家霍勒斯·利文斯的信中写道,1886年10月。

亲爱的提奥……

凡·高几乎是个多产的书信作家,就像他是个画家一样,现存书信超过800封(大多数的收信人都是他的弟弟提奥,提奥去世后,书信由其遗孀仔细保管),其中包括大量的绘画和数千文字。他们在任何时候都能让大众洞察他的精神状态:既如他人人皆知的情绪失控,又如这些文字既抓住了他人生的顶峰状态,还倾诉了他的低谷期的思绪。

包括多种学科,但不限于……

时尚建议

文森特建议提奥每当他从住处去往位于考文特花园的办公室时,戴上他的礼帽:

"……你在伦敦不能没有它。"

商业前景

他询问商业折扣:

"……难道不可能以折扣价格购买油漆、面板、刷子等绘画用具吗?如今,我不得不付零售的价钱……一个人用大量的油漆颜料画得不好……但有时一个人没有必要在与他人共用同一管颜料。"

——给提奥·凡·高 1882年9月

工作进行时

"如今,仅仅是在我的卧室里,一切布置都取决于色彩……墙壁是淡紫色,地板是砖红色,木质制的床和椅子是新鲜的黄油色,床单和枕头则是浅浅的灰绿色,猩红色的篮子以及绿色的窗户……这就是全部——在这个封闭的房间里,再没有任何重要的事。"

——给提奥·凡·高,1888年10月

凡·高给弟弟的最后一封信从未寄出,他去世之后,提奥在他夹克的口袋里找到了它。

874 现存信件

850000 字数

651 给提奥·凡·高的信

22 给威廉敏娜·凡·高的信

201 给其他艺术家、恩人以及爱人的信件

邮局

一位像凡·高一样多产的信作家,必定非常了解,如果没有一个高效的邮政系统,他很难迅速地把他的问候带到目的地。幸运的是,法国邮政系统的发展非常平均,无论是巴黎,还是在他搬迁后的阿尔勒、奥弗斯-苏尔-奥伊西,他都能享受平等的待遇。在阿尔勒,凡·高与邮递员约瑟夫·鲁林结下了坚固的友谊并且曾为他作画。

19世纪80年代后期:

- 巴黎邮局的数量: 100+
- 每个集合点的邮筒数量: 4
  - ·巴黎
  - ·法国部门
  - ·国际邮件
  - ·印刷产品(特殊汇率)
- 从地方省份(奥维斯甚至阿尔勒地区)寄送至巴黎所需天数(反之亦然): 1
- 从尼德兰地区寄一封信至巴黎所需天数: 1
- 星期天和节假日收集点: 5
- 工作日收集点: 8
- 从巴黎水运(油漆颜料或帆布)到阿尔勒地区所需天数: 2-4天

▲ **邮递员 约瑟夫·鲁林**
布面油画,1888年
32英寸 x 26 英寸 (81cm x 65 cm)

"我不知道我是否能像我所感觉的那样去在画布上表现这个邮差……不幸的是,他不能摆出理想的姿势,而一幅画需要一个机智的模特。"

——凡·高,1888年

凡·高的社会关系

- 🔴 爱人
- 🟣 朋友
- 🔵 赞助人
- 🟠 家人

古斯塔夫·拉武，房东（也是模特）

嘉舍医生，医生

保罗·西涅克，艺术家

约翰·彼得·拉塞尔，艺术家

亨利·德·图卢兹，艺术家

埃米尔·伯纳德，艺术家

路易斯·安凯丁，艺术家

玛德梅·吉努克斯，女房东

约瑟夫·鲁林，邮递员（也是模特）

贝朗医生，医生

法

荷兰

- 多勒斯·凡·高，父亲
- 安娜·凡·高，母亲
- 威廉敏娜·凡·高，妹妹
- 提奥·凡·高，弟弟
- 安东·帕德，艺术家

瓦兹河畔欧韦

巴黎

- 阿戈什蒂纳·塞加托里，咖啡馆老板（也是模特）
- 西恩·霍尼克，妓女（也是模特）
- 安东·莫夫，画家和赞助人
- 朱利安·"佩雷"·唐基，画材店老板（也是模特）
- 费尔南·科尔蒙，画家和赞助人
- 阿尔伯特·奥里尔，艺术评论家
- 保罗·高更，艺术家

阿尔勒和圣雷米

文森特·凡·高
1853——1890

凡·高非常崇拜他的画家伙伴保罗·高更的创作能力,然而,他们之间因寸步难行的友谊而产生的长久争论的痛苦,最终导致凡·高切掉了自己的耳朵。但是如何衡量他们各自的生活呢?两人在世时,都未取得很大的成功,且每个人都经历过极度的生理上的不健康,尽管凡·高的状况可能比高更糟糕。一些重要的统计数据显示,在两人看似诸多的相似点之下的确存在不小的差异。

7000万美元×5
1987—1998年间,凡·高的五幅作品的价格都分别超过了7千万美元(物价上涨因素除外),包括一幅《嘉舍医生肖像》,向日葵系列中的一幅以及《鸢尾花》。

声誉
凡·高逝去后的20年内获得了追随者和某种声誉,120年后,他成为了在艺术画廊之外全世界观众最熟悉的艺术家。

爱情
从未结婚,尽管他和妓女西恩·霍尼克在1882——1883年进行了同居。在他"可敬的"的名单上的女性倾向于理想主义,和凡·高并未相互倾心,这给他带来很大的痛苦。

健康
在晚年,不断遭受着疾病和精神上的双重打击,被怀疑是双向情感障碍的结果;被传上了梅毒,但是这看上去不太可能。

赞助人
他生前以及死后均由弟弟提奥赞助,以及后来提奥的遗孀约翰娜·邦格。

活了37年

保罗·高更
1848——1903

3亿美元
《你何时结婚？》他的塔希提那画作之一，以3亿美元的价格售出，打破了原有纪录。

声誉
他逝去后的20年内开始被称为大师，对其他画家有着深远的影响，其中包括年轻的毕加索。

爱情
有过婚姻，和第一任妻子育有五个孩子，其中两个早于高更去世。随后和他的塔希提那瓦欣（妻子）育有两子，他的儿子们幸存了下来。

健康
被认为患有（并且最终死于）梅毒。

赞助人
生前以及死后都是艺术商人安伯斯·佛拉

活了54年

绿色精灵

苦艾酒——浪漫法语中的绿色精灵——是19世纪艺术家们生活中声名狼藉的一部分，而放荡的饮酒者则不断地被警告的危险，凡·高就是一个严重的饮食者。直至1915年时，欧洲许多国家明令禁止这款产品，但为什么这种饮料，特别是在一个酒精中毒并不罕见的时代，被认为有如此大的危害呢？

它含有什么成分？

酒精

在19世纪80年代，达到了……75%

草药

茴芹

茴香

苦艾

艾耳蒿(含侧柏酮，一种在大量食用时会引起癫痫发作的化学物质)

谁饮用它?

凡·高和高更都是重度饮用者,莫迪利安尼和图卢兹·劳特累克也常常过度饮用。但是大多数人都是适量饮用——巴勃罗·毕加索(右)在他年轻的时候每天都喝一杯。

着色法

在19世纪,人们常常添加有毒的铜来促进绿色的更好着色。

什么导致了凡·高对黄色的偏爱?

文森特对黄色的过度主观化的使用——有时会产生几乎令人毛骨悚然的效果,就像《夜晚的咖啡馆》里一样,这被认为是由多种原因造成的。侧柏酮过量会影响视力,所以饮食苦艾酒过度可能是一个因素,但是洋地黄——一种他经常服用的药物,也会导致病人易于"看到黄色"。他的调色板的色彩调控可能是化学的,完全是主观的……或者是两者的混合物。

▲ 《夜晚的咖啡馆》
布面油画,1888年
28英寸 x 36 英寸 (72cm x 92 cm)

黄房子

19世纪80年代中期,凡·高有一个循环于脑海的想法:在温暖的气候区域有一间工作室,在那里,他可以和志同道合的同伴一起画画。1888年5月,凡·高定居到阿尔勒后,他在拉马丁广场租了黄房子的东侧四间房,尽管他最初负担不起租房所需费用,但在9月1日,他终于搬了进去,然而这个美妙的梦并未长久。高更于10月下旬到达此处,两人共同工作了9周,但是他们之间的关系变得越来越紧张,更导致了凡·高切掉了自己的耳朵。1889年4月,当地人因为凡·高古怪且暴力的行为而感到震惊,便向市长请求限制他,他便离开了黄房子。

▲ 黄房子(街景)
布面油画,1888年
28英尺 x 36英尺 (72cm x 91cm)

凡·高专门用来装饰黄色房子的画:

4 幅向日葵...

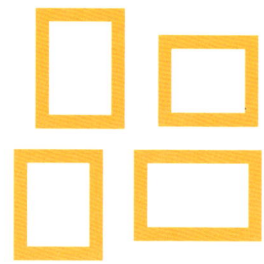

《夜晚的咖啡馆》、《塔拉斯孔的驿马车》、《罗纳河上的星夜》和《汀克泰勒桥》。

位置

法国

阿尔勒

租房

15 法郎
每月

房间布局

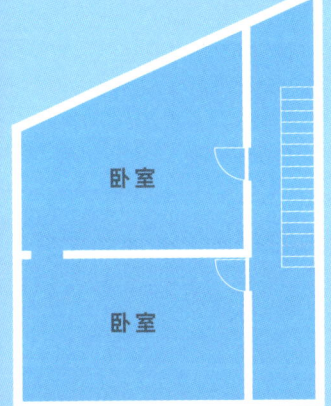

卧室
卧室

为黄房子添置的新家具

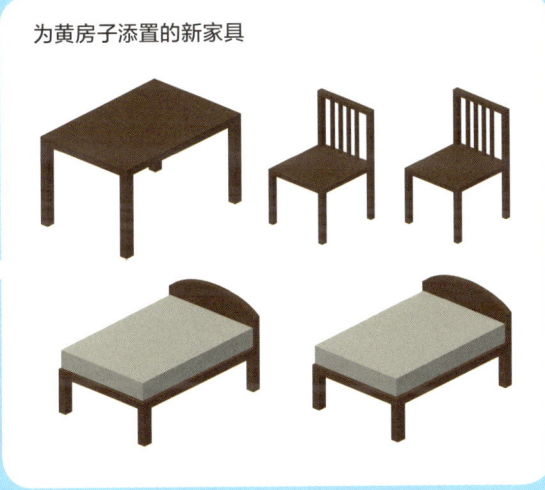

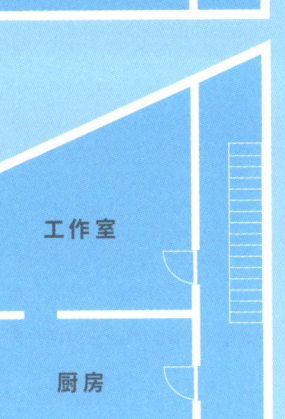

工作室
厨房

30 要求将凡·高送往精神病院接受治疗的请愿书中的人数：

凡·高的耳朵

众所周知的一个故事：在高更表明要离开黄房子之后，凡·高切下了自己的左耳，并将其交给一个他在阿尔勒结识的清洁女工。多年来，传记作家对于凡·高进行艺术创作的具体年份以及是否有饮用大量的苦艾酒众说纷纭。直到2016年，一名研究人员辨认出了一幅曾经诊治过凡·高的年轻医生菲利克斯·雷伊的素描画像，这才最终解决了这场争论。

自我截肢是如此罕见，以至于在医学教科书中被称为凡·高综合症

1888年12月23日
黄房子，
拉马丁广场2号，阿尔勒

文森特收到了一封信，信中透露出他的弟弟订婚的消息，这可能加剧了他精神状态的恶化。

雷伊的草图显示凡·高的整个耳朵都被切掉了，只留下了一部分耳垂，伤口不停地流血。

凡·高用报纸将耳朵包裹起来，并带着它在当地的一家半合法的妓院里进行了娱乐活动，在那里他把耳朵留给了加布里埃，这个女孩是妓院的一名清洁女工。

1889年1月，凡·高带着包扎好的耳朵重回创作之路——包括两幅自画像。

这个故事引起了国家媒体的关注：它出现在阿尔勒当地的报纸上和巴黎的《微日志》上。

收到这份"特殊的礼物"后，加布里埃便报了警，警察随后去了黄房子，凡·高被逮捕并被送到了当地医院。

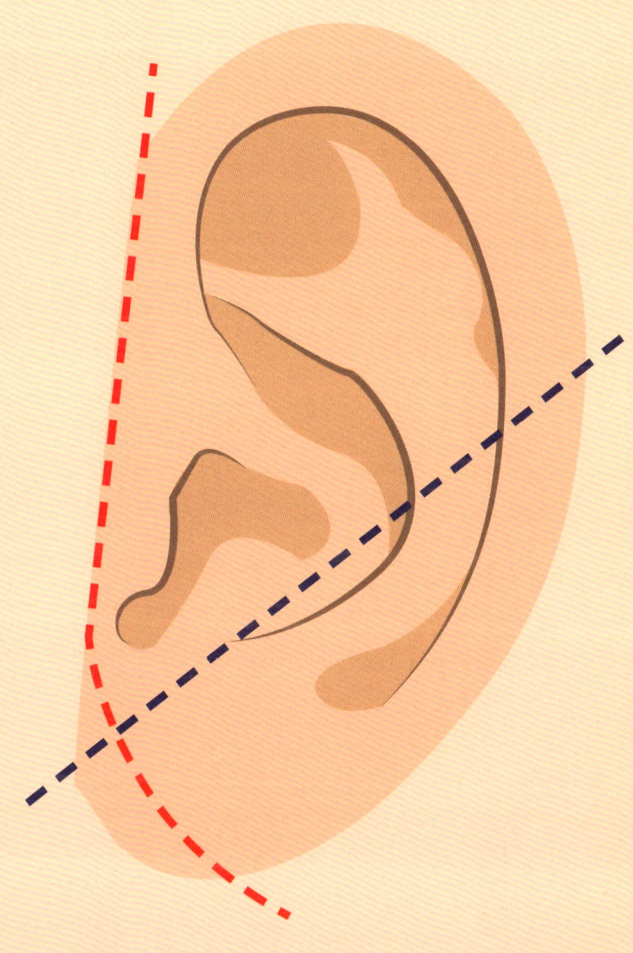

● 他实际上割破耳朵的地方

● 历史学家们认为他割破耳朵的地方

食物艺术

在凡·高的一生中,他对食物都持有一种清教徒的态度,时常吃一些简单但有益健康的食物,但处于精神痛苦时往往让自己挨饿。与此同时,他的许多法国的同伴开始享用一种流行于19世纪80年代的美食,并把之发展为一股社会时尚。

1885
吉维尼,法国

克劳德·莫奈正在为他的厨房日记本收集食谱,其中就包括来自保罗·塞尚的的传统普罗旺斯法式甜点以及小米做成的小面包,这些食材经过他自己的厨师调制成诺曼底和翻转苹果挞,午餐在上午11点30分准时开始。

安特卫普,比利时

凡·高过着简朴的寻常生活:"和我同住的人共进早餐,晚上的一杯咖啡和面包之类的简易糕点,补充一点,如果可以的话,我会饮用第二杯咖啡,这些就是让我继续前行的动力。"

——给提奥的信,12月28日

文森特·凡·高

03
作品

"他是唯一一个能感受到事物如此强烈的色彩的人,以这样一种金属的、宝石般的品质……"

——批评家阿尔伯特·奥里尔,于《孤独》:文森特·凡·高,凡·高作品第一次展示述评,文雅信使,1890年1月

工作效率

没有任何人能够指责凡·高懒惰,在1879年底至1890年7月29日去世的10多年间,他认真疯狂地进行艺术创作,工作效率很是惊人。在总数约2100件艺术作品中,至少有860件油画作品——有些数据统计的油画数量将近900件。从18世纪80年初期缓慢的开始,到1890年的创作高潮,数量的确令人印象深刻。他最著名的作品大部分都是在他生命的最后3年,且在几次衰弱的疾病发作之间创作出来的。

名画

- 吃土豆的人,1885年
- 戴草帽的自画像,1887年
- 向日葵,1888年
- 星空,1889年
- 嘉舍医生画像,1890年

数字统计:

右方所显示的数字都是近似的,仅指凡·高的主要绘画作品,而非其画幅较小的素描和其他作品。若要精确文森特每年创作的作品数量,实际上是非常困难的,因为并非他的所有作品都是落后于时代的,并且研究人员就哪些作品究竟属于哪一年的讨论诸多。

1880　1881　1882　1883

颜料的数量

凡·高意识到他的绘画所需成本,但他从来不吝啬他的创作需求,即使是在要向别人付钱的情况下。他通过弟弟提奥向巴黎的画材商店下了许多大订单,并为他创作材料的供应者之一佩雷·唐基画了三幅肖像画,尽管文森特曾经抱怨说他的颜料其实比其他人家的差一点,凡·高最常见的订单来自于圣乔治街31号的塔塞特&洛特家。

20 银白 大管

10 锌白 大管

15 维罗纳斯绿 双管

13 铬黄 双管

10 柠檬铬黄· 双管

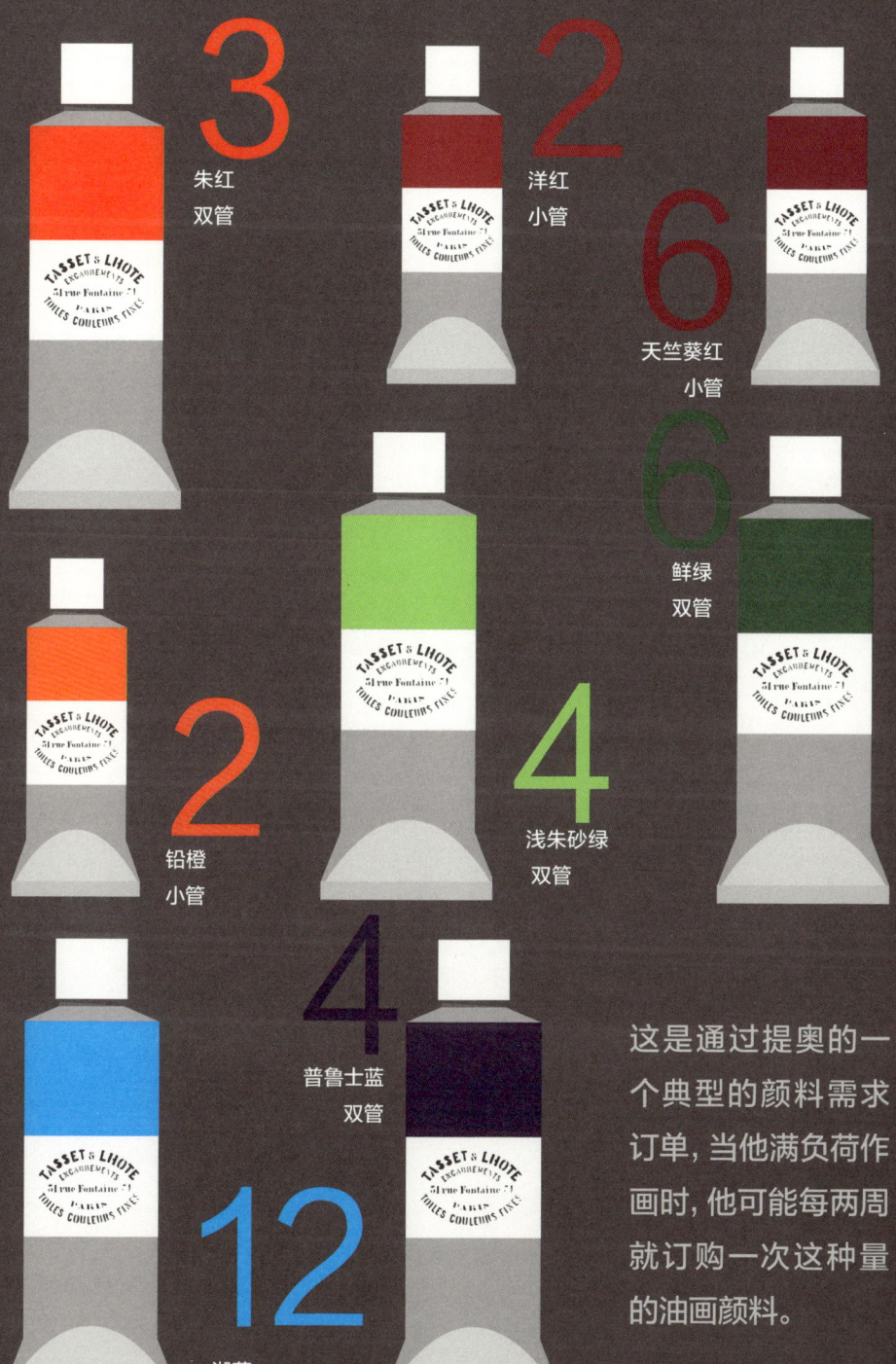

这是通过提奥的一个典型的颜料需求订单,当他满负荷作画时,他可能每两周就订购一次这种量的油画颜料。

颜料盘上毒药

19世纪后半叶是西方艺术家创作的高潮时期，颜料包装于铝制管子中，使得颜料易于携带，艺术家们更方便在户外创作，当时的化学家们更是创造了几十种合成——更便宜的颜色，之前的颜料只能在自然界中提取。然而缺点是，许多颜料无论是天然的还是化学合成都是剧毒的，众所周

拿浦黄
原名锑黄，来源于锑酸铅，密度高而性能稳定。

朱红
亦被称为橘红，由汞与硫磺反应合成，密度大且色彩性能稳定。

锌铬黄
合成铬酸锌，黄色，略带绿色，半透明状态，发明于大约1850年。

胭脂湖
凡·高普大量使用锡基合成的胭脂，其色彩鲜活而致密，显色厚重，久而久之就会产生严重的裂纹。

铬黄色
由铬酸铅制成的天然色素，价格便宜，呈现出明亮、浓密的颜色，发明于1800年左右。

铬橙
由天然色素铬酸铅制成，成本廉价的，呈现出明亮、浓密的色彩，发明于1800年前后。

天竺葵红
由一种半透明而强烈的红色组成，尽管颜色性能不稳定，但色彩很时尚，凡·高在许多创作于阿尔勒地区的作品中都使用过，包括向日葵。

黑褐色
由天然黏土、氧化铁、沥青和腐殖质混合而成，颜色略呈半透明状，随着时间的推移会出现裂缝和褐色，从1600年开始被使用。

知,凡·高在压力来临时会食用颜料——含铅的味道会让人回味,他的调色板提供了一系列有毒的零食。这里有一些他常用的颜色列表:

 毒药

 茜素
一种干净的玫瑰红色,呈现一定程度的半透明状态,但凡·高使用的合成版本有褪色的倾向。

古纳特绿
从19世纪中期获得,类似于翡翠绿,但没有后者的高毒性。

钴蓝
一种天然的纯蓝色颜料,价格昂贵,发明于19世纪初。

鲜绿色
是最明亮的绿色之一,也是凡·高最喜爱的色彩,因其毒性也被称为"巴黎绿",曾作为一种老鼠的毒药销售。

深蓝
最早的、最真实的蓝色颜料,由天青石合成,价格出奇的昂贵,19世纪30年代才出现更为便宜的使用版本。

黑色
在其原来的形式,从燃烧的有机材料如木材创造炭黑色。

钴天蓝
一种干净的、纯蓝色的流行油画(顾名思义)。类似于钴,但不像钴那么饱满和稠密。

铅白/锌白
这两种颜料凡·高都使用过,铅白是有毒的,锌白干燥较慢,但是价格更便宜且无害。

1884年至1885年的冬季,凡·高画了 **40** 多个农民头像。

受到巴比松画派艺术家们的影响,特别是对冉阿让·弗朗索瓦·米勒的仰慕,凡·高转而致力于捕捉乡村场景,当他和父母住在纽南时,他积累了一些乡村体验,并在他的名画中《吃土豆的人》中有所体现。

"他们用放在餐盘中的手耕种土地"。

名画解析1

▲ 《吃土豆的人》
布面油画，1885年
32英寸×45英寸 (82cm×114cm)

《吃土豆的人》是凡·高早期作品中最具野心的一幅，然而以当时的标准来衡量，这幅作品非常粗犷俗气，农民们夸张的比例使他们几乎变得怪诞。然而，这是一项雄心勃勃的工作，他打算在这份创作中揭示布拉班特贫困劳动者生活的艰难现实。他辛辛苦苦地为这幅画积累素材，在埃因霍温郊外、纽南的德格鲁特家族的小屋里为这幅画进行了数十次的头像研究，那里的农民们经常充当他的模特。

> "描绘农民的生活是一件严肃的事情"。
>
> ——凡·高

覆以头巾

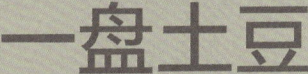

女性的肌肉与黑暗色调形成鲜明的色彩。凡·高非常注重在绘画中表现劳动尊严,而细致的服装穿着反映了他意图去描绘的价值。

一盘土豆

最简单的食物——烤制的土豆,用最简单的方式吃——直接从公用的盘子里分食,或许只有正在倒的咖啡能给人们带来高于最低生活水平的舒适感。

屋顶

房间空间被无边和一个巨大的木制支撑梁勾勒出来,同样给我们留下了一个稀疏的印象——一个简陋的庇护所。

头顶灯

凡·高在绘画方面非常擅长光线汇集的早期证据。

持餐叉的手

模特们的手,就像他们的面部一样,都是夸张扭曲的,手指变细,指节大而弯曲。

一个廉价的模特

从1886年到1889年,凡·高共画了34幅油画自画像(加上4幅以自己为主题的绘画)。正如他所说,他本人就是个非常便宜的模特,和他的穿着打扮无关。这些肖像画让我们熟悉了艺术家的外貌,这可以和伦勃朗作品中的自画像相提并论——不微笑,总是深沉反思,这会让观者感到不舒服。

我们认出了现实生活中的道具——破旧的帽子(深灰色的毛毡和吸管)和烟管。在他的画面中,偶尔也会有一些额外的东西出现——在他身后有一张日文图案,在他的画架上摆出意想不到的姿势,以及偶尔丢失的东西:两张自画像显示出被切掉后用绷带包扎起来的耳部。令人诧异的是区别——即使他曾经创作了同一幅肖像画的两个版本,但每一幅画都有自己的特点。

34 自画像

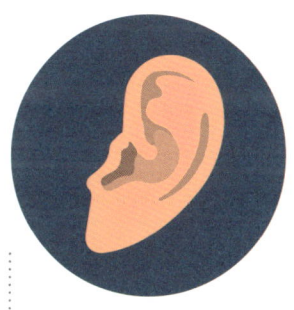
2 没有耳朵

5 有烟管

7 戴着草帽

4 戴着毡帽

1 在画架旁边

3 拿着调色盘

名画解析2

当凡·高迷恋上一种题材后,他便会创作出同一系列的多幅作品。仅仅是"罐子里的向日葵"有七个版本,每一幅都传达出独特的气氛和能量,这一系列作品的诞生地是阿尔勒,均创作于1888年和1889年。

"我每天早上从日出便开始工作,因为花很快就褪色了……"

——凡·高给弟弟提奥的信,1888年8月

▲ 《向日葵》
  布面油画,1888年
  36英寸×28英寸(92cm×73 cm)

地面

虽然这幅画仍然很生动,但它灼热的光感并不像凡·高画出时的那般明亮,因为凡·高使用了他最喜欢的铬黄色,随着时间的推移,色彩会逐渐变黄和变干。

罐子

在他最初的四幅《向日葵》中,凡·高只在两幅他最满意的画作上签了自己的姓名,高更非常喜欢这幅画,所以他要求凡·高送给自己一幅(凡·高急忙地画了另一幅画送给高更——尽管高更对新画并不满意)。

向日葵

普罗旺斯的向日葵的极大传播为凡·高提供了创作的原始材料。

画中的六朵花均仅有花瓣,没有中央的种子盘,这是自然的变异结果,艺术家更倾向于采摘种植于院子里的半野生的向日葵,而不是从农民的花田里摘下来,因此和往常一样,他的静物很便宜。

蓝色的线条

凡·高越来越擅长使用硬线条来描绘他成熟期作品的边缘,他把这归因于自己对日本绘画风格的仰慕和借鉴。

凡·高与暗流

在2004年,天文学家透过哈勃望远镜看到一片气体云,不禁让人联想到凡·高的作品《星月夜》,1889年,凡·高在一家精神病院里画了这幅画,当时他的耳朵已被切掉。这一发现促使科学家们开始研究凡·高的混合颜色创造的闪烁图像,他似乎捕捉到了在自然界中发生的类似运动。而后,他们发现《星月夜》中的星体运行模式亦是流体力学中"湍流"概念的复杂表达。

▲《星月夜》
布面油画,1889年
29 英寸x 36 英寸 (74cm x 92 cm)

当凡·高被认为处于疯狂的创作状态时,其他的绘画亦会现出端倪,而当凡·高在平静的状态下创作出的画作则不然。他内心不安的某种东西似乎与支配我们所看到的东西和我们如何看待它的看不见的规则相吻合,这张照片与凡·高的惊艳的《星月夜》有着惊人的相似之处。

▲ 被称为浮游植物的微型海洋植物在波罗的哥特兰岛周围的洋流中旋转,给人一种类似于星夜的自然印象。

柯尔莫戈洛夫的湍流理论是关于20世纪40年代建立起来的，他预言了流动速度的波动将遵循某种特殊的数学上的规律。

及《白雪图》的表达十分有趣，原来柯尔莫戈洛夫能够捕捉到自然界中明显的湍流从未出现过的圆圈图案中重新发现了科尔莫戈罗夫理论预测的波动方式非常吻合，这就好像凡·高脑海中闪现的思想激流。

名画解析3

▲ 《麦田里的松柏树》
布面油画，1889年
28英寸x36英寸（72cm x 91cm）

正如凡·高的许多绘画作品一样，这也是同一个主题的三个版本之一——另外两幅是他早期的作品，并为描绘生活所见而绘。上图是麦田系列的第三个版本，也是他认为"完整"的绘画形式，这幅画是凡·高在圣雷米的疗养院的那年创作的，起初他只在田里耕作，一个月后，他开始游览附近的乡间并着手画画。

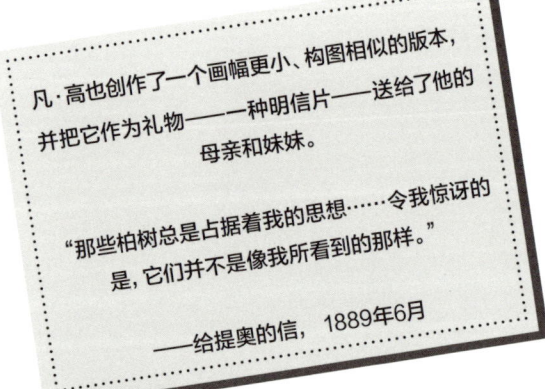

凡·高也创作了一个画幅更小、构图相似的版本，并把它作为礼物——一种明信片——送给了他的母亲和妹妹。

"那些柏树总是占据着我的思想……令我惊讶的是，它们并不是像我所看到的那样。"

——给提奥的信，1889年6月

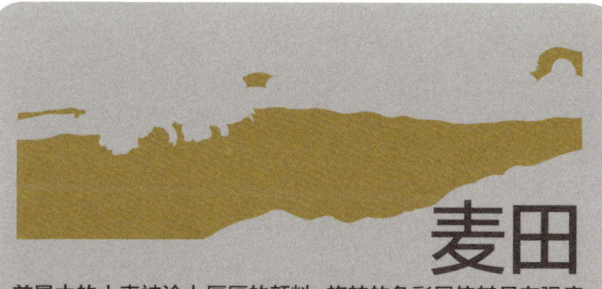

麦田

前景中的小麦被涂上厚厚的颜料,旋转的色彩层使其具有强度和深度,这使得其绘画风格可立即被辨认出。

柏树

柏树让凡·高深深地着了迷——他写给提奥的信中说,没有一个人画出了他所看到的柏树的样子,"难熬的深绿色",它们已经频繁地出现在凡·高在阿尔勒地区画的画中了。

云层

云层也被厚重的颜料所填满,这和色彩稀薄的蔚蓝天空形成了鲜明的对比,他使用的画布非常特殊,是提奥从巴黎为他订购的,这些特别的画布的质地可以通过较薄的颜料区域看到。

水平位置

着重强调了画面的水平构图,首先从前景中的麦田的底部边缘开始,最后随着富有活力的云层的卷曲上升到右上角。

被售出的一(多)幅画

如果说凡·高一生中从来未卖出过一幅画,这必然不是真的——他至少卖出了一件作品,可能还有更多。大众所知被出售的那幅画卖给了他朋友尤金的妹妹安娜·博奇,她本人也是凡·高和其他艺术家的赞助人。不为人所知的是他还曾向伦敦商人苏莉和劳里出售一幅肖像,提奥在1888年10月3日的一封信中确认了这一交易,但令人遗憾的是,我们无法确认是哪幅画,但是我们可以肯定那是一幅油画。

作品名称:
红色的葡萄园
创作时间:
1888年
价格:
400 比利时法郎
现藏于:
普希金美术馆,
莫斯科,俄罗斯

作品名称:
自画像
创作时间:
未知
价格:
未知
现藏于:
未知

文森特·凡·高

04
遗产

"如果我的作品不能售出,我也无能为力。但是,那一天终将来临,人们必然会看到这些画的价值远远高于绘画本身……"

——凡·高,给提奥的信,1888年10月25日

立体主义

（关键时期1907——1911）图像意在体现开放的创作形式，不考虑"正确"以及透视等要素，为之后的抽象主义的发展奠定了一个基调。

抽象表现主义

（关键时期1940——1950）图像往往是非具象的，此流派聚焦于无意识及其对艺术的影响。

巴比松画派

（关键时期1840——1870）在室外作画，艺术家们直接从自然中获取灵感、提取创作元素。

定义凡·高

凡·高终其一生都没有在世界上的艺术流派中找到他的位置，然而在他死后，他开始为人所知，名声不断增长，他天生似乎属于表现主义，与爱德华·蒙克和乔治·鲁奥并肩作战，并在后期印象派，得以比肩高更和塞尚。当凡·高活着的时候，那些永远不会理会他的人，在几年后很快就声称他是他们中的一份子。

印象主义

(关键时期1867——1886)作品意在表现色彩而不是关注微小的细节,描绘"印象"而不是在显微镜下观察到的景象;点画法以修拉为代表。

表现主义

(关键时期1905——1925)艺术家赋予作品以主观感受和看法,有时表现形式夸张。

后印象主义

(关键时期1880——1920)图像涉及印象派绘画技巧和色彩,体现艺术家情感反应。

名声大涨

1930
文森特·凡·高将他叔叔的藏品借给了阿姆斯特丹市立博物馆。

1962
收藏品被转移到了新的文森特·凡·高基金会,计划成立凡·高博物馆。

1928
凡·高作品的第一本精品目录由Jacob-Baart de la Faille负责。

1925
乔·邦格去世,艺术收藏任务传递给她和提奥的儿子文森特·威廉·凡·高。

1914
乔·邦格发表文森特给提奥的第一版信件,将提奥的遗体埋葬到了奥维斯河畔,文墓地附近的一座墓地,她委托工匠简单配凡·高墓碑"凡·高,于此长眠",多·凡·高,于此长眠。"

1890
埃米尔·伯恩在《当代男性》("今日男性")出版文森特的短篇传记。

1891
提奥·凡·高去世,保护文森特的作品和声誉的事情传递给了提奥的遗孀约翰娜·凡·高·邦格。乔·邦格不停地努力提升凡·高的名声。

1973
荷兰的朱莉安娜皇后在知名建筑师格里特·里特维尔德设计的建筑中成立凡·高博物馆。

1903
荷兰和奥地利的博物馆收藏了凡·高的首批作品。

1901
一场凡·高作品展在巴黎的伯恩海姆画廊举行。

1893
凡·高的很多信件发表在《文雅信使》。

1895–1896
凡·高首次个人回顾展的作品在巴黎安布罗斯·沃拉德画廊举行。

17 幅绘画

大都会艺术博物馆，纽约

名画目录：
· 戴草帽的自画像，1887年
· 罗琳女士和她的宝宝，1888年
· 麦田里的松柏树，1889年
· 摇篮曲，1889年

3 幅绘画

现代艺术博物馆，纽约

名画目录：
· 星月夜，1889年
· 约瑟夫·鲁林画像，1889年
· 橄榄树，1889年

2 幅绘画

阿尔芒哈默艺术博物馆，洛杉矶

名画目录：
· 播种者，1888年

2 幅绘画

耶鲁大学艺术馆，纽黑文，康涅狄格州

名画目录：
· 夜晚的咖啡馆，1888年

5 幅绘画

费城费城美术馆，宾夕法尼亚州

名画目录：
· 向日葵系列之一，1889年

发现文森特

凡·高作为画家不仅是多产的，他还绘制了一系列相同主题的艺术作品，这意味着他的作品比其他伟大画家的作品更易均匀地传播，这就是不同艺术馆却有着他许多相同主题的绘画作品的原因。

6 幅绘画

国家美术馆，伦敦

名画目录：
- 凡·高的椅子，1888年
- 向日葵系列之一，1888年
- 麦田里的松柏树，1889年

5 幅绘画

普希金博物馆，莫斯科

名画目录：
- 红色葡萄园，1888年
- 菲利克斯·雷伊医生的肖像，1889年

200+ 幅绘画
500+ 幅图纸

凡·高博物馆，阿姆斯特丹

名画目录：
- 吃土豆的人，1885年
- 戴灰色毡帽的自画像，1887年
- 黄房子，1888年
- 阿尔勒的卧室，1888年
- 向日葵系列之一，1889年
- 有乌鸦的麦田，1890年
- 鸢尾花，1890年

25 幅绘画

巴黎奥赛博物馆

名画目录：
- 阿尔勒的舞厅，1888年
- 星月夜，1888年
- 阿莱城的姑娘，，1888年
- 阿尔勒的卧室，1889年
- 自画像，1889年（晚期最具代表性的作品之一）
- 奥维斯的教堂，1889年

80 幅绘画

克勒米勒博物馆，德荷格 韦卢韦国家公园，荷兰

名画目录：
- 夕阳下的杨树巷，1884年
- 戴着白帽子的女人的头像，1884——1885年
- 兰洛伊斯的桥，1888年
- 阿尔的妇女：戴手套拿雨伞的吉努太太，1890年

凡·高品牌

凡·高在很久以前就开始向全球品牌领域进军了,你可以在从冰箱磁铁到手提包等任何寻常的地方看到《阿尔勒的卧室》或《向日葵》,而且,在一些意想不到的地方,我们也可以找到艺术家和他的作品的影子。

到明尼苏达州的游客可以找到凡·高的油画《橄榄树》的复制品,这幅作品完全是用植物在一个1.2英亩(0.5公顷)的土地上创作的,艺术家斯坦·哈尔德于2016春季完成了这幅画。

如果你想要重走凡·高的路,一家英国公司生产一系列"痛苦"的凡·高层压板成品,就像在画中《夜晚的咖啡馆》或《阿尔勒的卧室》里那样(但是是一种擦拭干净了的光滑表面)。

更常见的是,如果行人走路游览阿尔勒的10个关键地点,尽管黄房子在第二次世界大战期间被炸毁,但现存的咖啡馆的露台,医院和朗格卢瓦桥却依然能让人眼前一亮,从"凡·高日"那一天就知道了。

像天才一样吸烟——一位意大利烟斗制造商在皮萨罗生产了一系列的烟斗,以致敬凡·高。

在香港，有一家凡·高主题的餐厅，尽管餐厅提供的菜肴是意大利菜，但是氛围却是浓浓的凡·高风情。

荷兰一家公司销售凡·高系列油画颜料，从颜料管的外部可以看到一个极具代表性的肖像。

07

2016年，作为大型凡·高展览的一部分，芝加哥艺术学院重建了凡·高黄房子里的卧室，它坐落在纽约北部河畔的一座建筑里，游人们对此非常感兴趣，并发现他们可以以每晚10美元的价格在爱彼迎上预定"凡·高的卧室"。

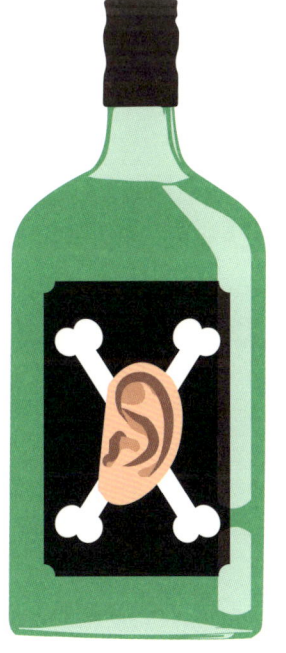

08

苦艾酒爱好者们可能会发现，可以通过凡·高的肖像来认识一个品牌，无论它的品质如何，它的酒精含量的确有70%。

盗窃计划中的凡·高

在宏伟的艺术盗窃计划中,相对来说,凡·高的作品被频繁地盗走,但他仍然没有进入前10名,其中包括一些不太知名的艺术家,他们的作品在一次又一次的机会主义抢劫中被大量盗走。

10位失窃艺术家

失窃作品数量最多的艺术家(来自艺术损失登记册,2012)

黑市专家预测到,一幅画的黑市价格是拍卖会上价格的7%——10%之间。

艺术家	失窃数量
巴勃罗·毕加索	1147
尼克·劳伦斯	557
马克·夏加尔	516
卡雷尔·阿佩尔	505
萨尔瓦多·达利	505
胡安·米罗	478
大卫·勒文	343
安迪·沃霍尔	343
伦勃朗	337
彼得·雷尼克	336

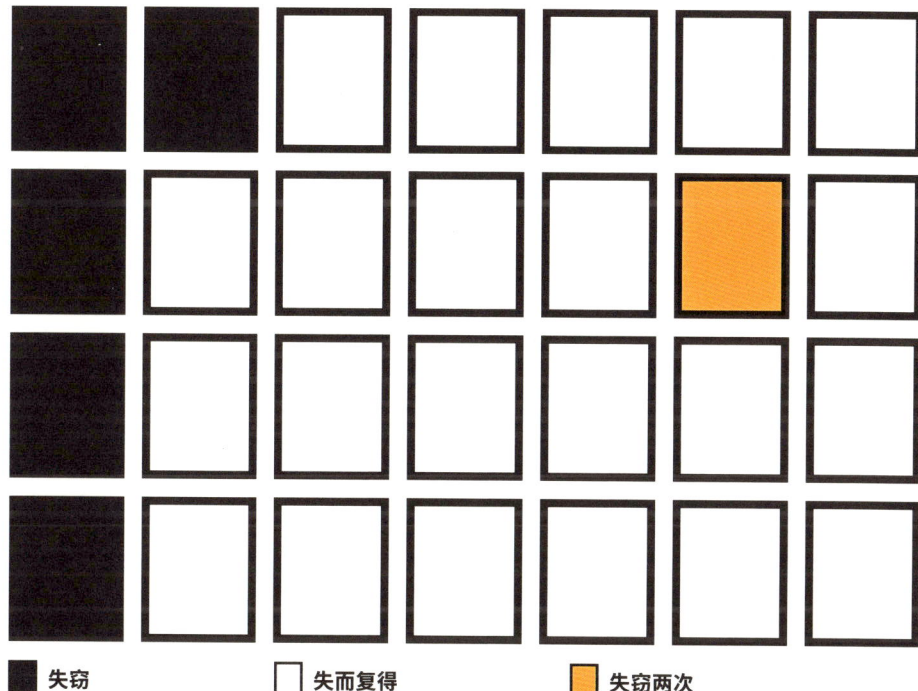

■ 失窃　　□ 失而复得　　■ 失窃两次

6 个重要的盗窃案件

北布拉班特博物馆，
丹博斯治，荷兰，1990年6月28日
· 亨讷普水磨坊，1884
· 正在挖掘的农妇，1885
· 坐着的农妇，1885
1992年，《正在挖掘的农妇》在比利时一家银行保险箱里找到，另外两幅作品仍下落不明。

凡·高博物馆，
阿姆斯特丹，荷兰，1991年4月14日
失窃20幅作品，包括，
· 吃土豆的人，1885
· 静物与圣经，1885
· 向日葵，1889
· 静物与鸢尾花，1890
· 乌鸦群飞的麦田，1890
所有画都被找到，部分作品在失窃几小时后被发现在一辆废弃的汽车中受损。

凡·高博物馆，
阿姆斯特丹，荷兰，2002年12月7日
· 斯海弗宁恩的海景，1882

· 离开纽南教堂，1884
两名盗窃犯于2004被捕并被定罪，但画作仍下落不明。

怀特沃斯美术馆，
曼彻斯特，英国，2003年4月27日
· 巴黎的城墙，1887
丢失8天后在画廊附近的一个公共厕所外被找到。

布尔勒收藏展览馆，
苏黎世，瑞士，2008年2月11日
· 开花的栗树，1890年
失窃9天后，在苏黎世的一辆汽车内被找到。

马哈茂德卡尔博物馆，
开罗，埃及，2010年8月21日
· 罂粟花，1886
被人从画框中切下，两年后被找回，但是令人难以置信的是，这幅画于1978从同一座博物馆被盗，至今仍下落不明。

凡·高博物馆

开放于1973年、位于荷兰阿姆斯特丹的凡·高博物馆覆盖了有关凡·高的所有臻品。最初的藏品是文森特本人的,由他弟弟的遗孀约翰娜·邦格精心保存,并最终在公众场合展出,原本的赫里特·里特费尔德大楼共有四层,还有一座临时展览馆,由日本建筑师黑川纪章设计。

凡·高博物馆,博物馆广场6号,阿姆斯特丹

阿姆斯特丹

文森特的作品

200 幅绘画

9 幅自画像

超过 **700** 封信件

超过 **500** 张手稿

其他艺术家

上百例凡·高的朋友和同时代的人，包括苏拉热(图)、埃默尔·伯纳德、莫奈、马奈以及毕加索等艺术家及其作品，都对凡·高的创作有着深刻影响。

印刷品

超过500件日本印刷物和大约1800件法国版画，包括所有主要的世纪末的艺术家和版画家的作品，包括图卢兹-劳得勒克、保罗·高吉恩和皮埃尔邦·纳德。

一间单独的图书室藏有 **35000** 册书籍和期刊

凡·高的关键词

松柏树
海牙　肖像
阿尔勒
日本主义
喧嚣
农民
保罗·高更
梦想
黄房子
饥饿
凡·高
避难所
生面团　日本主义
向日葵　水　麦田
嘉舍医生
印象主义　鸢尾花
图卢兹·劳特累克
开花

火焰斑斓
文森特
西恩·霍尼克
新教
伦敦
炭木诗人
保罗·西涅克
悲哀
烟斗
狂躁
津德尔特星月夜
布拉班特
咖啡馆
画匠
静物
提奥
巴黎
苦艾酒
水彩
夜晚的咖啡馆

电影中的艺术家

凡·高充满戏剧性和悲剧传奇一生不可避免地成为了导演们的创作对象,早在1947年,法国导演阿伦·雷乃就以他为题材拍摄了一个主题,随后电影界推出了一系列的影片,从生动到可怕,从深思熟虑的传记到令人瞠目结舌的情节剧,甚至还有一部表现凡·高的完整的动画片。

01 凡·高
1948年,阿伦·雷乃
值得尊敬的一部凡·高简短传记,带着庄严的、相当响亮的画外音和音乐。

1950年奥斯卡最佳短片奖

03 文森特·凡·高的生命
1987年,保罗·考克斯
传记纪录片,聚焦于艺术之外的生活。

04 文森特和提奥
1990年,罗伯特·奥特曼
经过仔细研究和推敲,专注于表现两兄弟之间的关系

05 凡·高
1991年,莫里斯·皮亚拉
这是一部体现凡·高生前最后两个月的影视剧,剧中没有冗杂的情节,专注于表现他惊人的创作能力,以及与嘉舍医生和他的家人之间的友谊。

1992年塞萨尔最佳男主角雅克·杜特隆克

 纪录片

  戏剧

你知道吗？

马丁·斯科塞斯完成了自己的梦想，在黑泽明的1990部超现实短片中饰演文森特·凡·高

02 渴望生活

1956年，文森特·明奈利柯克·道格拉斯(凡·高, 右)和安东尼·奎因(高更)在电影改编欧文·斯通的小说中，道格拉斯再现受折磨的天才时的表现能力战胜了奎因。

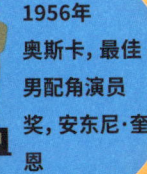

1956年奥斯卡，最佳男配角演员奖，安东尼·奎恩

06 凡·高的眼睛

2005年，亚历山大·巴尼特
亚历山大·巴尼特所饰演的艺术家通过这部心理剧主要表现艺术家饿了的刻板印象。

07 至爱凡·高

2016年，多洛塔·科比埃拉 & 休·韦尔全部剧情皆由动画呈现，通过凡·高生前信件的字样和他的绘画，使用手绘动画的方式来再现凡·高的生活，这是唯一一部通过Kickstarter活动获得资助的凡·高主题的电影。

拍卖会上

你将何时结婚？
保罗·高更
1892年，2015年卖出

玩纸牌的人
保罗·塞尚
1892年—1893年，2011年卖出

No.6 (紫罗兰、绿与红)
马克·罗斯科
1951年，2014年卖出

阿尔及利亚女人
巴勃罗·毕加索
1955年，2015年卖出

斜躺的裸女
阿梅代奥·莫迪利亚尼
1917年—1918年，2015年卖出

1948
杰克逊·波洛克
1948年，2006年卖出

女人III
威廉·德·库宁
1953年，2006年卖出

梦
巴勃罗·毕加索
1932年，2003年卖出

艾蒂儿·布洛赫-鲍尔肖像一号
古斯塔夫·克林姆
1907年，2006年卖出

嘉舍医生肖像
文森特·凡·高
1890年，1990年卖出

他成熟时期的主要作品不常被拿出拍卖,但凡·高会惊讶于今天他所有的作品的非凡数量。在他的所有作品中,有9幅是从2005开始被拍卖,有3幅作品的价值超过4000万美元。虽然凡·高在有史以来最贵的画作排行榜上仅仅排在第10位,但他的作品价格与其他许多拍卖会上的作品表现得更一致,从某种意义上来说,这是在凡·高生前从来没有出现的场景。

300 万美元

274 万美元

186 万美元

179.3 万美元

170.4 万美元

165.4 万美元

162.5 万美元

158.5 万美元

158.4 万美元

152 万美元

经通货膨胀调整后的价格,并于2015年2月调整。

在《嘉舍医生肖像》之外,拍卖价格排名前3位的作品:
1. 阿利斯康的林荫大道
   6630万美元(2015拍卖)
2. 静物:红罂粟和雏菊
   6810万美元(2014拍卖)
3. 阿莱城的姑娘
   4030万美元(2006拍卖)

小传

乔安娜·戈兹娜·邦格
(1862——1925)
凡·高的弟媳,他只见过她两次,但是在1881年提奥去世后,她尽了一切可能来提升文森特逝后作为艺术家的声誉,到她自己临终的时候,这项工作已经完成得相当成功。

埃米尔·伯纳德
(1868——1941)
后印象派艺术家,也是凡·高圈子中的一员:他和高更亦是好友。凡·高有时和小他15岁的伯纳德一起创作,伯纳德的创新风格众所周知,给年长于他的那位艺术家留下了深刻的印象。

安东·莫夫
(1838——1888)
荷兰画家,传统主义的海牙学派成员,凡·高的表亲,两人曾一起在巴黎的画室短暂工作,最终两人分开了,但凡·高被发现有足够的能力和理由在莫夫死后为他献上一幅画。

西恩·霍尼克
(1850——1904)
女裁缝和妓女,也是凡·高的模特,并于1882年到1883年间和他一起住在海牙。尽管他曾宣称要娶她,但当他面对家人的反对时,两人选择分道扬镳,因为他最终意识到自己没有办法养活她和她的两个孩子。

提奥·凡·高
(1857——1891)
凡·高的弟弟,一位艺术商人,他一生中的大部分时间都在情感和经济上支持他。成年后,两人每隔几天便会通信一次,在凡·高去世的一年后,提奥也英年早逝了。

提奥多勒斯·凡·高
(1822——1885)
荷兰改革教会的新教牧师,文森特和提奥的父亲。他既敏感又谦虚,他觉得大儿子的性情很难从事艺术,虽然是他在文森特早期的职业尝试失败后鼓励他尝试走艺术道路。

保罗·嘉舍医生
(1828——1909)
专门治疗神经疾病的内科医生，作为业余艺术家，嘉舍与库尔贝和塞尚的关系都很友好，他在凡·高的艰难时期与他成为了朋友，并在凡·高住在瓦兹河畔欧韦的最后几个月为他治疗疾病。

保罗·高更
(1848——1903)
创新的后印象派画家，他的作品亦是在他去世后才受到赞扬。高更是一个夸夸其谈、自信的人，他在1888年和凡·高一起在黄房子住了9个星期后，两人吵了一架后便离开，从此他们再也没见过面。

保罗·西涅克
(1863——1935)
法国艺术家，致力于发展波因蒂利斯姆—— 一种用纯色点作画的风格，他在1889年赴阿尔勒地区拜访了凡·高，并和他一起到巴黎郊外的亚斯尼埃斯南塞纳河进行了绘画之旅。

安娜·卡本特斯·凡·高
(1819——1907)
文森特和提奥的母亲，她从孩子们的孩童时期就鼓励他们学习艺术，她和文森特一生都有规律地频繁地交流，凡·高尽最大努力使她免受他不那么传统的行为的影响。

威廉敏娜·凡·高
(1862——1941)
文森特的妹妹，是除了提奥他最亲近的兄弟姐妹。1873年，她在伦敦住了几个月，当时她正在找一份作为家庭教师的工作，此后的岁月中，两个人时常通信联络。

文森特·凡·高
(1820——1888)
凡·高父亲的弟弟，也是凡·高的第一个雇主。他是海牙古庇尔和西的合作伙伴，后来，他成为了凡·高的赞助人，但凡·高从来没有觉得自己的叔叔足够支持自己。

● 家庭 ● 爱人 ● 朋友

致谢

图片来源说明

出版方由衷感谢以下人员同意在本书中使用他们的图像,出版方已经尽量完善版权所有者,并对任何遗漏表示深深的歉意。

12此肖像画被"确认为"是文森特·凡·高本人,由汤姆·斯坦福发现,约瑟夫布伯格认定,照片由康涅狄格州哈特福德的艾伦·菲尔普斯/瓦兹沃思·阿森纳姆艺术博物馆提供。

14耶罗尼米斯·博斯:莱比锡大学

17查尔斯·达尔文 Everett Historical/Shutterstock.com.

37邮递员约瑟夫·鲁林,1888年;图片来源于Everett-Art/Shutterstock.com.

43夜晚的咖啡馆,1888年;图片来源于耶鲁大学美术馆

44黄房子(街景),1888年;图片来源于艺术档案/阿拉米·斯托克拍摄

60吃土豆的人,1885年;图片来源于Everett-Art/Shutterstock.com.

64向日葵,1888年;图片来源于Everett-Art/Shutterstock.com.

66星月夜,1889年;图片来源于Everett-Art/Shutterstock.com.

66显微海洋植物:美国宇航局戈达德图片和视频光流,美国地质勘探局/美国宇航局/陆地7。

68麦田里的松柏树,图片来源于世界历史档案馆/阿拉米·斯托克拍摄

70红色的葡萄园,1888年;图片来源于文物影像合作有限公司/阿拉米·斯托克拍摄

90保罗·嘉舍医生,1890年;图片来源于Everett-Art/Shutterstock.com.